JAN '20

E 634 CHANG

Chang, Kirsten,
Mira cómo crece una manzana /

S0-AIM-363

SITKA PUBLIC LIBRARY
320 Harbor Drive
Sitka, Alaska 99835

Míralos crecer

Mira cómo crece una manzana

por Kirsten Chang

Bullfrog
en español

Ideas para padres y maestros

Bullfrog Books permite a los niños practicar la lectura de texto informacional desde el nivel principiante. Las repeticiones, palabras conocidas y descripciones en las imágenes ayudan a los lectores principiantes.

Antes de leer

• Hablen acerca de las fotografías. ¿Qué representan para ellos?

• Consulten juntos el glosario de fotografías. Lean las palabras y hablen de ellas.

Durante la lectura

• Hojeen el libro y observen las fotografías. Deje que el niño haga preguntas. Muestre las descripciones en las imágenes.

• Léale el libro al niño o deje que él o ella lo lea independientemente.

Después de leer

• Anime al niño para que piense más. Pregúntele: ¿Te gusta comer manzanas? ¿Puedes explicar cómo crecen?

Bullfrog Books are published by Jump!
5357 Penn Avenue South
Minneapolis, MN 55419
www.jumplibrary.com

Copyright © 2019 Jump! International copyright reserved in all countries. No part of this book may be reproduced in any form without written permission from the publisher.

Library of Congress Cataloging-in-Publication Data

Names: Chang, Kirsten, 1991– author.
Title: Mira cómo crece una manzana / por Kirsten Chang.
Other titles: Watch an apple grow. Spanish
Description: Bullfrog books. | Minneapolis, MN: Jump!, [2019] | Series: Míralos crecer | Includes index.
Identifiers: LCCN 2018034351 (print)
LCCN 2018037586 (ebook)
ISBN 9781641285162 (ebook)
ISBN 9781641285155 (hardcover: alk. paper)
Subjects: LCSH: Apples—Juvenile literature.
Apples—Growth—Juvenile literature.
Classification: LCC SB363 (ebook)
LCC SB363 .C4318 2019 (print) | DDC 634/.11—dc23
LC record available at https://lccn.loc.gov/2018034351

Editor: Jenna Trnka
Designer: Michelle Sonnek
Translator: Annette Granat

Photo Credits: Ratikova/iStock, cover; Nadezhda Nesterova/Shutterstock, 1; Roman Samokhin/Shutterstock, 3; Andy Dean Photography/Shutterstock, 4 (boy); Lee jeong-jin/Shutterstock, 4 (background); Billion Photos/Shutterstock, 5; Markus Mainka/Shutterstock, 6–7, 22t; amenic181/Shutterstock, 8; Valentina Razumova/Shutterstock, 9, 23tr, 23bl; TACrafts/iStock, 10–11, 22mr, 23br; J. Marijs/Shutterstock, 12–13, 22br; Natali Glado/Shutterstock, 14–15, 22bl, 23tl; SviatlouSS/Shutterstock, 16–17, 23tr; hans.slegers/Shutterstock, 18; Sari ONeal/Shutterstock, 19; hanapon1002/iStock, 20–21, 22ml; moonlightbgd/Shutterstock, 22ml; Maks Narodenko/Shutterstock, 24.

Printed in the United States of America at Corporate Graphics in North Mankato, Minnesota.

Tabla de contenido

Árboles de fruta

Una manzana es una merienda rica. ¡Mmm!

¿De dónde vienen las manzanas?

semilla

Una manzana crece
de una semilla.

La semilla
es pequeña.

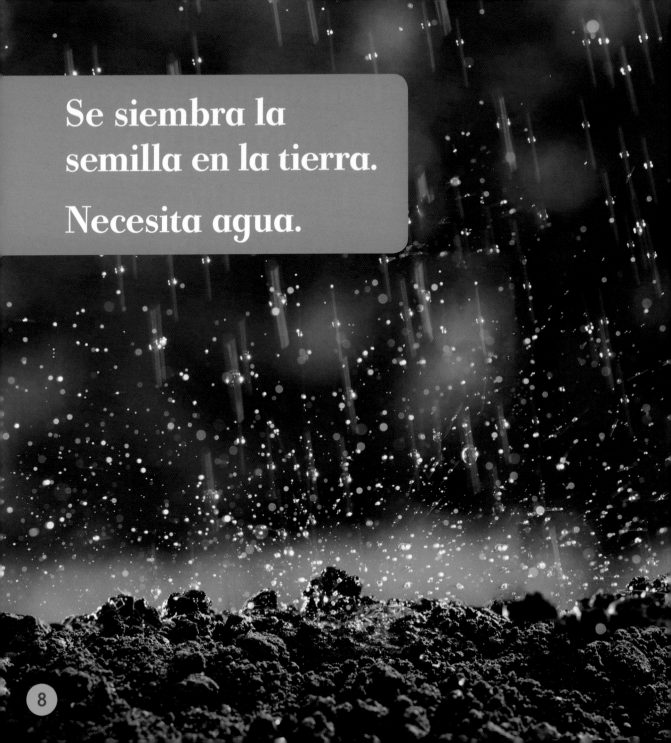

Se siembra la semilla en la tierra.

Necesita agua.

hoja

tallo

raíces

Le salen raíces.
¿Qué más?
Un tallo y hojas.

¡Es una planta
de árbol de
manzana!

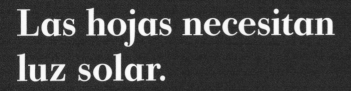

Las hojas necesitan
luz solar.

La planta se vuelve
más grande.

Se convierte en
un retoño.

retoño

El retoño se convierte
en un árbol.

Le tomará años.

Las flores florecen
en la primavera.

Son rosas y blancas.

15

polen

Las abejas vuelan
de flor en flor.

Llevan el polen
de las flores.

Esto hace que
la fruta crezca.

Cuando crecen,
las manzanas se
ponen grandes y redondas.

A diferentes árboles les
crecen diferentes manzanas.

Algunas son rojas.

Algunas son verdes.

Están listas para recogerse en el otoño.

Las recogemos con las manos.

El ciclo de vida de una manzana

¿Cómo crece una manzana?

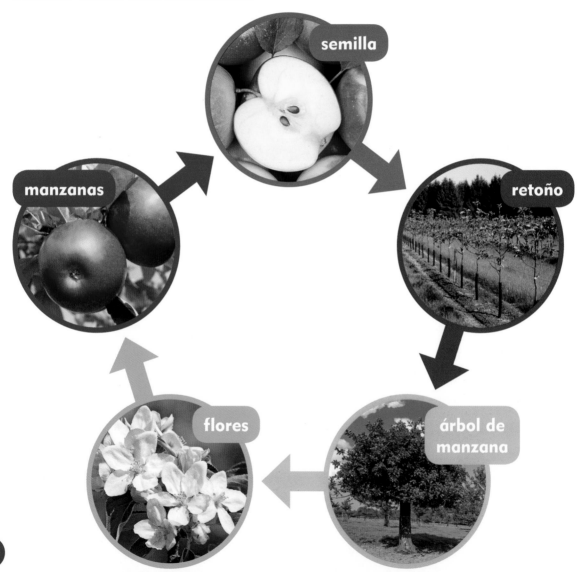

semilla

retoño

árbol de manzana

flores

manzanas

Glosario de las fotografías

florecen
Producen flores.

polen
Granos diminutos y amarillos que hacen que las plantas formen semillas.

raíces
Las partes de una planta que crecen bajo tierra y reciben el agua y la comida de la tierra.

retoño
Un árbol joven.

Índice

Para aprender más

Aprender más es tan fácil como 1, 2, 3.

1) Visite www.factsurfer.com

2) Escriba "manzana" en la caja de búsqueda.

3) Haga clic en el botón "Surf" para obtener una lista de sitios web.

Con factsurfer.com, más información está a solo un clic de distancia.